Bibliographic information published by the German National Library:

The German National Library lists this publication in the National Bibliography; detailed bibliographic data are available on the Internet at http://dnb.dnb.de .

Imprint:

Copyright © 2015 GRIN Verlag, Open Publishing GmbH
Print and binding: Books on Demand GmbH, Norderstedt Germany
ISBN: 978-3-668-06879-7

This book at GRIN:

http://www.grin.com/es/e-book/308545/definiciones-sobre-lo-que-es-sistematizacion-de-conceptos-informaticos

Abraham Aguilar García

Definiciones sobre lo que es sistematización de conceptos informáticos

GRIN Publishing

GRIN - Your knowledge has value

Since its foundation in 1998, GRIN has specialized in publishing academic texts by students, college teachers and other academics as e-book and printed book. The website www.grin.com is an ideal platform for presenting term papers, final papers, scientific essays, dissertations and specialist books.

Visit us on the internet:

http://www.grin.com/

http://www.facebook.com/grincom

http://www.twitter.com/grin_com

DEFINICIONES SOBRE LO QUE ES SISTEMATIZACIÓN DE CONCEPTOS INFORMATICOS.

Abraham Aguilar García

RESUMEN

El presente artículo pretende ser un material didáctico, en el cual se exponen algunas definiciones y principios sobre lo que se define como "sistematización de conceptos informáticos", con el objetivo de perfeccionar el proceso de enseñanza-aprendizaje de la Informática. La sistematización es una herramienta muy útil para lograr adecuada formación de conceptos en los estudiantes, la cual debe alcanzar un mayor protagonismo en los programas de estudios, puesto que permite a los estudiantes, establecer de manera más sólida la relación y nexos lógicos, entre los contenidos que estudia o investiga. Es importante partir, sobre la base de que no se han encontrado definiciones ni teoría esclarecedoras sobre este tema en particular, por lo cual las consideraciones hechas provienen de la reflexión sobre las experiencias alcanzadas por el autor, en la impartición de la docencia.

1. Perspectiva teórica del problema de investigación.

En una primera parte del artículo se hace un balance de la teoría que precede conceptualmente la sistematización de conceptos informáticos; en segundo lugar, se puntualizan los rasgos definitorios y metodológicos que nos permitan interpretar de manera más clara este principio.

1.1. La formación de conceptos.

En el programa de la asignatura Informática para la Enseñanza Media, se plantea la necesidad de prestar especial atención a la formación de conceptos informáticos, por constituir una de las formas regular de la enseñanza de la Informática (Expósito, 2001) y ser un pilar básico para la adquisición del conocimiento, necesario para la posterior resolución de problemas con el empleo de la computadora por parte del estudiante.

Relacionado con el concepto, se plantea que es una forma de pensamiento abstracto que refleja los indicios sustanciales de una clase de objetos (Guetmanova, 1989). El conocimiento se expresa a través de los conceptos, de aquí su importancia para la ciencia. Los conceptos se forman en el proceso de desarrollo histórico de la sociedad humana y se asimilan por el individuo durante su progreso individual. En este proceso, el contenido de los conceptos cambia y, en ocasiones, se hace completamente diferente al que se tuvo en principio. La manera de asimilar los conceptos es muy variada, pero se pueden concentrar en dos grupos: asimilación por aprendizaje espontáneo y por enseñanza escolar.

Acerca de ello (Talízina, 1988) esboza: "La tarea de la enseñanza consiste precisamente en separar y organizar multifacéticamente la actividad necesaria para la asimilación de los conceptos. Las acciones intervienen como medio de formación de los conceptos y como medio de su existencia, al margen de las acciones, el concepto no puede ser asimilado ni aplicado posteriormente a la solución de problemas."

Según esta autora, el proceso de formación de conceptos debe ser enfocado desde la actividad, de las acciones relacionadas con la formación y el funcionamiento de los conceptos y desde la comunicación que deviene de esta actividad y propone las siguientes condiciones para la dirección del proceso de asimilación de los conceptos:

- ➤ Existencia de la acción adecuada al objetivo planteado.
- ➤ Conocimiento de la composición estructural y funcional de la acción destacada.
- ➤ Representación de todos los elementos de la acción en su forma exterior, material (o materializada).
- ➤ Formación por etapas de la acción destacada con el perfeccionamiento de todos los

parámetros dados.

➢ Existencia del control por operaciones en la asimilación de las nuevas formas de la acción.

En consecuencia con estas condiciones, las acciones para la formación de conceptos deben ser flexibles y variadas, además de estimular el desarrollo de formas nuevas de expresar las características de estos, propiciando la realización de procesos de análisis, síntesis, comparación, abstracción y generalización, que favorezcan el desarrollo intelectual del estudiante y el autoaprendizaje.

(Klinberg, 1978) considera que la formación de un concepto no tiene lugar regularmente en una hora de clase y Statkin, citado por (Klinberg, 1978), considera que todo concepto produce en la conciencia del estudiante un largo proceso de desarrollo.

Okon, igualmente citado por (Klinberg, 1978), diferencia tres etapas en la formación de conceptos:

1. Asociación de palabras con los objetos correspondientes.
2. Formación de conceptos elementales mediante el conocimiento de las propiedades externas de los objetos y fenómenos.
3. Formación de los conceptos científicos.

En la tercera y más importante etapa, se diferencian las siguientes fases:

➢ Comparación de los objetos y fenómenos en estudio.
➢ Búsqueda de las propiedades comunes y específicas del objeto.
➢ Determinación del concepto mediante el conocimiento de las propiedades.
➢ Aplicación del concepto en nuevas situaciones.

Acerca de ello se considera la formación de concepto como un proceso que va desde la creación del nivel de partida, la motivación y la orientación hacia el objetivo, y que transita por la separación de las características comunes y no comunes, hasta llegar a la definición o explicación del concepto.

A partir de los fundamentos de la Metodología de la Enseñanza de la Informática, expresados por (Expósito, 2001), en las disciplinas informáticas se pueden diferenciar conceptos de Informática o Computación en general, conceptos de un determinado lenguaje o familias de software para propósitos específicos (sistemas de aplicación) y conceptos de fundamentos de Programación o algoritmia. En el caso particular de la Enseñanza Básica se tratan conceptos informáticos generales y referentes a sistemas de aplicación.

Este propio autor hace referencia a determinados aspectos a tener en cuenta para estructurar metodológicamente un concepto informático, entre los que se encuentran:

1. Importancia del concepto en el contexto de la Informática, es decir, determinar si es general o específico, si es básico para la formación de otros conceptos y su campo de aplicación.

2. Teniendo en cuenta el grado de desarrollo de los estudiantes, sus conocimientos precedentes y la complejidad del concepto a determinar, si este concepto se va a formalizar mediante una definición o se va a introducir solo mediante una descripción de sus características esenciales. Es válido señalar que en el caso particular de la Enseñanza Básica los conceptos se formalizan mayoritariamente sobre la base de la descripción, atendiendo al nivel de maduración del pensamiento del estudiante de este nivel; no obstante se comparte el criterio que es un buen momento para dar los primeros pasos en la formulación de definiciones por parte de este estudiante, de manera que consiga verbalizar sus propias representaciones mentales de aquellos objetos que conceptualiza.

3. Definir la vía lógica que se va a utilizar para la formación del concepto; es decir, si se va a proceder según las vías: deductiva (de lo general a lo particular), inductiva (de lo particular a lo general), o analógica.

4. Definir las acciones fundamentales, de forma inmediata o mediata, que se van a realizar para la fijación del concepto, ya sean de identificación y/o de realización.

Todos estos aspectos se deben tener en cuenta, sin obviar que la formación de conceptos, como forma regular de la enseñanza de la Informática, se suceden en dos fases fundamentales:

Primero: Se forma el concepto según la vía lógica elegida.

Segunda: Se fija el concepto mediante acciones y operaciones convenientes.

Para que el proceso de formación de conceptos se produzca de manera racional es importante el establecimiento de relaciones significativas entre los conceptos que conforman un sistema conceptual en la asignatura.

Esto requiere que se introduzcan conceptos sobre la base de conocimientos precedentes que le permitan al estudiante comprender lo nuevo en su nexo con aquello que ya conoce.

A partir de lo antes expuesto, el autor de la presente investigación considera que los referentes teóricos abordados, relacionados con la formación de conceptos, constituyen un precedente para el proceso de enseñanza aprendizaje de la

Informática en la Enseñanza Básica.

1.2. Sistematización.

Definir un concepto es siempre materia compleja ya que es difícil recoger en pocas palabras todos los matices que se consideran fundamentales. Por ello existen diferentes definiciones de la sistematización, que dan indicios acerca de lo que es y puede ayudar a comprender mejor.

Sistematización es el sustantivo con que se designa la acción y el efecto de sistematizar, o lo que es igual, es el concepto que denomina no solo las operaciones que permiten concretar tal acción, sino también su resultado. Por su parte, se entiende por sistematizar la organización mediante un sistema. Esta última voz, proveniente del latín y del griego, alude al conjunto de reglas o principios sobre una materia racionalmente enlazados entre sí; también, al conjunto de cosas que relacionadas entre sí ordenadamente contribuyen a determinado objeto (Rodríguez del Castillo, 2009).

La propia autora expone como en la bibliografía pedagógica actual, el campo semántico asociado a esta palabra incorpora nociones como las de organización, ordenación, estructuración, distribución, clasificación, alineación, colocación, etc., las cuales resultan congruentes con las ya citadas. A la vez, los sentidos con los que suele utilizarse el término aparecen indistintamente relacionados con los de método, modo de hacer, proceso de reflexión, proceso metodológico, criterio, eslabón de una lógica, operación, dirección, etapa, modalidad, interpretación, producto terminado y medible, principio, etc. Cuando se estudia su uso dentro de informes de investigación o tesis de maestría y/o doctorado es frecuente encontrarlo como tarea, método, aporte o contribución, herramienta de trabajo, etc.

Se trata de un proceso participativo de reflexión crítico de lo sucedido en una experiencia y sus resultados, realizado fundamentalmente por sus actores directos, para explicar por qué se obtuvieron esos resultados y extraer lecciones que permitan mejorarlos. (J. Berdegué y otros, 2002).

La sistematización es aquella interpretación crítica de una o varias experiencias, que, a partir de sus ordenamiento y reconstrucción descubre o explicita la lógica del proceso vivido, los factores que han intervenido en dicho proceso, cómo se han relacionado entre sí, y por qué lo han hecho de ese modo. (Jara, 2003).

En el documento "la Sistematización de la Práctica Docente en EDJA" (Iovanovich, 2003) se define la sistematización como "un proceso permanente y acumulativo de producción del conocimiento a partir de la experiencia de intervención en una realidad social determinada (en nuestro caso, los servicios educativos destinados a jóvenes y adultos y la comunidad local de referencia) buscando transformarla con la participación real en el proceso de los actores involucrados en ella.

"La sistematización es un proceso teórico y metodológico, que a partir de la recuperación e interpretación de la experiencia, de su construcción de sentido y de una reflexión y evaluación crítica de la misma, pretende construir conocimiento, y a través de su comunicación orientar otras experiencias para mejorar las prácticas sociales". (Carvajal, 2010).

La sistematización es la conformación de un sistema, de una organización específica de ciertos elementos o partes de algo. Ya que un sistema es un conjunto de reglas, métodos o datos sobre un asunto que se hayan ordenados y clasificados, llevar a cabo un proceso de sistematización será justamente eso: establecer un orden o clasificación. (Diseñadores, 2011).

No obstante, hay que señalar que no existe una definición consensuada sobre qué es la sistematización, lo que puede añadir confusión para entender el concepto. Se asume en el presente trabajo definición de sistematización dada por (Francke y Morgan, 1995), quienes manifiestan que la sistematización se conceptualiza como una forma de generación de conocimientos adecuada a las condiciones de trabajo y capacidades particulares de quienes están involucrados cotidianamente en la ejecución de las acciones y que son, ante todo prácticos, por lo que tienen formas de acceder a la información y procesarla.

Una vez analizados diversos conceptos acerca de la sistematización, se constata que este término se identifica, como una regularidad, como sistema, proceso, experiencias y conocimiento.

1.2.1. La sistematización en la Didáctica.

(Lothar Klinberg, 1978) considera la existencia de nueve principios didácticos y, dentro de ellos, coloca al principio de la planificación y sistematización de la enseñanza, del cual destaca con singular relevancia el papel de la enseñanza sistemática y considera que esta implica la conducción del proceso de enseñanza aprendizaje por etapas fundamentadas desde el punto de vista lógico y didáctico.

El citado autor, a la vez considera que la enseñanza sistemática favorece la articulación de todos los eslabones del proceso de enseñanza aprendizaje, dentro de lo cual incluye la repetición, la ejercitación, la aplicación y la sistematización.

Acerca de ello destaca que "En la sistematización como operación lógico-didáctica, se expresa el carácter sistemático de la enseñanza. Las fases de sistematización (que se deben planificar), ayudan a fomentar los conocimientos ordenados, claros, duraderos y recíprocamente vinculados: aquí se trata, fundamentalmente, del ordenamiento de hechos y conceptos aislados que formen relaciones más amplias con una importancia ideológica y científica. Ejercitar a los estudiantes en la sistematización es una tarea más de la enseñanza" (Klinberg, 1978:251).

Otros autores contemporáneos valoran el principio de sistematicidad (no de sistematización), y aluden al hecho de que este principio toma en consideración el enfoque de sistema en la labor docente y señalan que, su razón de ser, se encuentra en la base de la teoría de la asimilación.

Interesa destacar en este sentido el hecho de considerar a la sistematización como una operación lógico-didáctica que, inherente al proceso de enseñanza aprendizaje, pretende ejercitar a los estudiantes en estos procederes.

El estudio de los postulados de los autores citados, constata que desde la teoría existen precedentes de la importancia que tiene la sistematización para el aprendizaje, particularmente para el proceso de enseñanza aprendizaje de la de la Informática en la Enseñanza Media, tiene un rol preponderante para la comprensión del sistema de conocimientos que se desarrolla en la asignatura.

1.2.2. Sistematización de conceptos.

El autor, a pesar de la exhaustiva búsqueda de una definición concreta sobre sistematización de conceptos, no le ha sido posible encontrar elementos significativos que aporten en tal sentido. Las diversas interpretaciones al respecto están medidas por enfoques o prácticas diferentes, lo cual permite pensar que el debate que conduzca a la construcción de una interpretación común tendrá que recorrer aún largos caminos. Con el ánimo de querer definir y homogeneizar lo que se entiende sobre el particular, el autor formula la siguiente definición: La sistematización de conceptos es un proceso lógico-didáctico, el cual a partir de la interpretación y consolidación de un conocimiento que se posee, permite a la persona generar, acomodar y afianzar sus saberes de manera más clara y ordenada, permitiendo que estos perduren de forma más sólida en su pensamiento.

Concepciones sobre la sistematización de conceptos informáticos
1.2.3. La sistematización de los conceptos informáticos.

En la enseñanza de la Informática, como en la mayoría de las asignaturas, juegan un papel fundamental las denominadas situaciones típicas, donde según Zillmer citado por (Álvarez, 2013) como: *"...aquellas situaciones reales en la enseñanza de una o varias asignaturas que poseen semejanza con respecto a determinados parámetros esenciales, con respecto a la estructura objetivo-contenido, y por tanto estas situaciones permiten un proceder semejante en la aplicación de una determinada estrategia de conducción y de los procedimientos metodológicos - organizativos".*

Particularizando y adecuando estos criterios, a la impartición de la Informática, podemos precisar:

Situaciones típicas en Informática:

1. El tratamiento de conceptos informáticos y sus definiciones.
2. El tratamiento de ejercicios con texto y de aplicación.
3. El tratamiento de procedimientos algorítmicos.

Estos *procedimientos metodológicos - organizativos* requieren de constante sistematización en el proceso de enseñanza aprendizaje de la Informática; en este trabajo se trata especialmente la sistematización de la situación típica "conceptos".

Dentro de la ciencia Informática, se distinguen relaciones lógicas entre los conceptos de una teoría. Una posibilidad para sistematizar conceptos es aprovechar las relaciones lógicas entre ellos y estructurar así el sistema de conocimientos, es decir, establecer relaciones entre: conceptos superiores y subconceptos. Su realización se puede apoyar en el empleo de esquemas, tablas comparativas, esquemas así como representaciones y actividades basadas en la recreación y ejercitación de contenidos, tomando como soportes diversas estrategias de aprendizaje como Webquest, softareas, etc.

La sistematización de conceptos informáticos puede ser abordada de diferentes formas, pero se tiene como invariantes destacar las propiedades, diferencias, relaciones y analogías de un concepto o contenido con respecto a otros. Por su parte, es de vital importancia definir una metodología apropiada para lograr que los estudiantes, al sistematizar dichos conceptos, lo hagan de la manera más organizada y clara posible, para que estos perduren de forma más sólida en su pensamiento.

Es por ello que el autor recomienda que para lograr esos objetivos se empleen esquemas y diagramas (preferiblemente animados), donde se muestren las particularidades de cada concepto, resaltando los nexos lógicos existentes entre ellos. Por otro lado, es significativo resaltar que no es posible sistematizar un concepto o contenido, si no se poseen conocimientos previos sobre estos. Esto quiere decir que una condición imprescindible para que pueda tener lugar la sistematización, es la disponibilidad de los conocimientos que deben ser sistematizados.

Para lograr este fin, se recomienda:

- En primer lugar, asegurar el nivel de partida que se requiera, a través de la impartición de los contenidos, lo cual nos permitirá sistematizar los conocimientos que sean necesarios (preferiblemente de una manera más distante a lo tradicional), que involucre aún más al estudiante dentro de la clase, donde estos tengan un papel más activo y central durante el proceso de consolidación de los contenidos.

Debemos explotar de una manera más eficiente nuestros recursos informáticos, para evitar que nuestras clases se tornen monótonas, y que los estudiantes pierdan interés por ellas.

Una vez que se ha comprobado la existencia de un nivel de partida adecuado para la sistematización, la actividad del profesor debe dirigirse a lograr que los estudiantes comparen y destaquen características comunes y no comunes de los conceptos, así como que sean capaces de reconocer lo esencial y lo no esencial de estos, logrando que estos establezcan nexos y relaciones lógicas entre los conocimientos adquiridos, puedan entrelazar los hechos y encontrar un lugar para ellos en su estructura del saber.

- En segundo lugar, se recomienda que se emplee para alcanzar estos objetivos, estrategias de aprendizaje tales como softareas, webquests, actividades didácticas interactivas, etc. Para de este modo aprovechar las ventajas que estos nos ofrecen e impedir los resultados adversos que puede desprender la simple escucha reproductiva de los contenidos.

Por su parte, (según Diseñadores, 2011) la sistematización puede tener lugar mediante el empleo de diferentes recursos metodológicos, tales como: respuestas a preguntas formuladas por el profesor, resolución de ejercicios en la clase o tareas, organización de competencias, encuentros de conocimientos, etc. El autor recomienda, en primer lugar, emplear clases prácticas como apoyo a las clases convencionales, las cuales deben estar adecuadamente planificadas, en las que se brinde mayor atención a la sistematización de conceptos informáticos y conocimientos. Por su parte en nuestras clases se le debe dar un papel protagónico a la resolución de ejercicios o problemas propuestos en clases o tareas, tomando como soporte a las TICs, permitiéndonos mediante la explotación de los diferentes recursos informáticos, de acuerdo a la estrategia de aprendizaje elegida. Lo cual no implica desprenderse de las bondades que pueden ofrecer a nuestras clases, los restantes recursos metodológicos mencionados.

Por último, el autor considera conveniente que para lograr una sistematización de los conceptos informáticos de manera más eficiente y duradera en los estudiantes, logrando una organización que proporcione técnicas más eficientes de aprendizaje, tomando como referencia dinamizar más la enseñanza y el grupo (técnicas participativas).

Por su parte, (Heidi Villa, 2013) expone que para el empleo de los medio informáticos hay que tener en cuenta la participación activa de los estudiantes en la estructuración del sistema de conocimientos. No se trata de la presentación terminada del medio correspondiente, el verdadero valor didáctico de su utilización se encuentra en su elaboración independiente por los estudiantes o en el trabajo conjunto con el profesor. Las actividades encaminadas a la sistematización de conceptos logran su propósito, si estos quedan organizados en la mente de los estudiantes en dependencia de las propiedades o características consideradas esenciales para establecer los nexos entre ellos; si cada concepto ha encontrado su lugar en la estructura del saber, creando condiciones para la fijación de un saber más sólido, el desarrollo de habilidades más generalizadas y para alcanzar mejores resultados en la aplicación de los conocimientos.

Por otra parte, el profesor debe lograr que en el proceso de sistematización de los conceptos, los estudiantes logren apropiarse de los mismos de la manera más eficiente posible, para lo cual puede valerse de los siguientes pasos:

➢ Organización del grupo o equipo que va a sistematizar.
➢ Delimitación de la sistematización.
➢ Definir los objetivos de la sistematización.
➢ Diseñar los instrumentos de registros de información y definir las fuentes documentales de consulta.
➢ Registrar, seleccionar, ordenar y procesar la información relevante. Reconstrucción y aprendizaje de los contenidos en la práctica educativa.
➢ Interpretar, analizar y problematizar la información.
➢ Elaboración de informe.
➢ Difusión y socialización de los resultados de la sistematización.

La propia autora citada explica que para lograr estos objetivos el profesor debe, con antelación al desarrollo de la actividad docente, garantizar las condiciones necesarias para que esta fluya de manera favorable al proceso de enseñanza aprendizaje, para lo cual debe:

➢ Orientar metodológicamente todo el proceso de sistematización.
➢ Garantizar los recursos necesarios.
➢ Diseñar el plan, los instrumentos y herramientas de la sistematización.
➢ Sensibilizar a los estudiantes.

Tomando como base las consideraciones de un (Colectivo de Autores, 2007) se brinda la siguiente alternativa para la sistematización de conceptos informáticos:

Determinación del problema: desarrollar un proceso de recolección de información acerca del transcurso del aprendizaje del concepto X por los escolares de la Enseñanza Básica.

Se aplican procedimientos que permitan indagar acerca de ese proceso de aprendizaje. Si se detecta que los principales problemas de aprendizaje de ese concepto están dados por insuficiencias en su definición, entonces se determina el eje de sistematización que se consigna en el paso 2.

1. Orientar el proceso de sistematización:

Objeto de sistematización: concepto X

Objetivo de sistematización: caracterizar al concepto X de acuerdo al contexto de aplicación y al desarrollo de sus usuarios.

Eje de sistematización: definición de los rasgos esenciales del concepto X que será empleado por estudiantes de SB (depende fundamentalmente de los resultados del proceso de diagnóstico).

2. Proceso de sistematización de conceptos:

➤ Análisis de la definición del concepto X que se ha empleado hasta ese momento en la SB, se tendrán en cuenta sus rasgos esenciales y su correspondencia con el nivel y desarrollo de los estudiantes a los cuales va dirigido.

➤ Valoración de definiciones dadas por diferentes autores, para descubrir los rasgos necesarios y suficientes que cada uno declara y escoger la que considera más completa o reelaborar la misma.

➤ Delimitación de los métodos a utilizar para desarrollar el trabajo (análisis histórico-lógico, análisis y síntesis, modelación, revisión de documentos, etc.).

➤ Definición de los indicadores de esencia, se tendrán en cuenta los rasgos del concepto X que deben aplicar los estudiantes de ese nivel dentro de la asignatura donde se estudia y en sus relaciones interdisciplinarias, conformando la caracterización que se aporte del concepto X.

➤ Revisión teórica sobre la formación de conceptos y la elaboración de definiciones, incluyendo teoría de lógica formal y dialéctica así como el estudio de los escolares que van a realizar el aprendizaje del concepto.

Bibliografía

✓ Expósito, C. (2001). Algunos elementos de Metodología de la Enseñanza de la Informática. Ciudad de la Habana: MINED. Documento en formato digital.

✓ Guetmanova, Alexandra (1989). Lógica. URSS. Progreso.

✓ Talízina, N. (1988). Psicología de la Enseñanza. Editorial progreso, Moscú.

✓ Klinberg, L. (1978). Introducción a la didáctica general. Cuba.

✓ Rodríguez del Castillo María A. (2009). La sistematización como resultado científico de la investigación educativa. ¿Sistematizar la sistematización?

✓ Berdegué y otros (2002). Conceptos de sistematización. Disponible en: http://www.xtec.net/~cbarba1/Articles/concepteWQ [Consultado 12/ 4/15].

✓ Jara, Oscar (2003). Para sistematizar experiencias. Selección de lecturas sobre sistematización. La Habana: CIE "Graciela Bustillos" Asociación de Pedagogos de Cuba, Ibídem, p. 6.

✓ Iovanovich, M (2003). Sistematización de la Práctica Docente en EDJA. Disponible en: es.slideshare.net/rommy1702/conceptos-sistematización [Consultado 17/ 3/15].

✓ Carvajal Burbano, Arizaldo (2010). Teoría y práctica de la sistematización de experiencias. 4a Edición, Cali, Escuela de Trabajo Social y Desarrollo Humano-Universidad del Valle.

✓ Marfil Francke y María de la Luz Morgan (1995). La sistematización: Apuesta por la generación de conocimiento a partir de las experiencias de promoción. Lima.

✓ Álvarez Martínez, Adolfo (2013). La sistematización de conceptos. Disponible en: www.eumed.net [Consultado 5/ 4/15].

✓ Heidi Villa (2013). Sistematización. Disponible en: es.slideshare.net [Consultado 17/ 3/15].

✓ Colectivo de autores (2007). Alternativas para la sistematización de la actividad científica.